BEI GRIN MACHT SICH IHR WISSEN BEZAHLT

AF151816

- Wir veröffentlichen Ihre Hausarbeit, Bachelor- und Masterarbeit

- Ihr eigenes eBook und Buch - weltweit in allen wichtigen Shops

- Verdienen Sie an jedem Verkauf

Jetzt bei www.GRIN.com hochladen und kostenlos publizieren

Johanna Wessely

Prólogo al lector, Miguel de Cervantes Saavedra. Las Novelas ejemplares

GRIN Verlag

Bibliografische Information der Deutschen Nationalbibliothek:

Die Deutsche Bibliothek verzeichnet diese Publikation in der Deutschen National-
bibliografie; detaillierte bibliografische Daten sind im Internet über http://dnb.d-
nb.de/ abrufbar.

Impressum:

Copyright © 2012 GRIN Verlag GmbH
Druck und Bindung: Books on Demand GmbH, Norderstedt Germany
ISBN: 978-3-656-64559-7

Dieses Buch bei GRIN:

http://www.grin.com/de/e-book/272365/prologo-al-lector-miguel-de-cervantes-
saavedra-las-novelas-ejemplares

GRIN - Your knowledge has value

Der GRIN Verlag publiziert seit 1998 wissenschaftliche Arbeiten von Studenten, Hochschullehrern und anderen Akademikern als eBook und gedrucktes Buch. Die Verlagswebsite www.grin.com ist die ideale Plattform zur Veröffentlichung von Hausarbeiten, Abschlussarbeiten, wissenschaftlichen Aufsätzen, Dissertationen und Fachbüchern.

Besuchen Sie uns im Internet:

http://www.grin.com/

http://www.facebook.com/grincom

http://www.twitter.com/grin_com

RWTH Aachen
Institut für Romanische Philologie
Lehrbereich Literaturwissenschaft
Proseminar: La novela en España
SoSe 2012

Prólogo al lector,
Miguel de Cervantes Saavedra

Johanna Wessely
Spanisch, kath. Theologie: 5. Fachsemester
Deutsch: 2. Fachsemester
LA Gy/Gs

Der Prolog an den Leser von Miguel de Cervantes zu den *Novelas ejemplares* beinhaltet zum Einen eine Beschreibung von Cervantes selber und zum Anderen die Absicht seiner Novellen und wozu sie gedacht sind. Des Weiteren gibt er am Ende des Prologs an, welche Werke von ihm noch zu erwarten sind in der nächsten Zeit. Bei seinem Vorwort spricht er den Leser direkt an, womit er eine persönliche Bindung herstellt. Beim Lesen dessen muss man im Hinterkopf haben, dass es sich bei der Entstehungszeit um eine Ära von Zensuren handelt. Unter Anderem wird im Folgenden anhand von einigen Beispielen deutlich gemacht, wie Cervantes es schafft, einer Zensur mithilfe von indirekter Provokation zu entgehen. Außerdem folgt nun eine genauere inhaltliche Beschreibung des *Prólogo al lector*.

Zunächst erwähnt Cervantes mit einer direkten Anrede des Lesers, dass er am liebsten das Vorwort weggelassen hätte, da er mit seinem letzten zu *Don Quijote* schlechte Erfahrungen gemacht hat und diese nicht noch einmal durchleben möchte. Der Grund, warum er letztendlich doch eins verfasst hat, liegt in einem Freund von ihm. An dieser Stelle erfährt der Leser zudem, dass er viele Freunde hat, die er in erster Linie aufgrund seines Charakters, eher weniger wegen seines Talents erworben hat.

Daraufhin wird gezeigt, wie die erste Seite seines Buches ansonsten hätte aussehen können. Der besagte Freund hätte ein Bild von Cervantes angebracht, wie es Sitte und Brauch gewesen ist. Als Vorlage hätte in diesem Fall der berühmte Don Juan de Jaúrigui dienen können. Mit diesem Bildnis wäre sein Ehrgeiz befriedigt und die Leser zufrieden gewesen, da sie somit wüssten, wie der Mensch aussieht, der sich traut, seine vielen Erfindungen vor den Leuten auszubreiten. Unter diesem Bild würde dann sein Äußeres detaillierter beschrieben werden: scharf geschnittenes Gesicht; kastanienbraune Haare; freie und offene Stirn; fröhliche Augen; gebogene aber wohlproportionierte Nase; silbergrauer Kinnbart, der vor 20 Jahren noch goldblond war; großer Schnurbart; kleiner Mund; Zähne, die weder zahlreich noch besonders ansehnlich sind, da er nur noch sechs Zähne hat mit großen Lücken dazwischen; von mittlerer Größe; frische Gesichtsfarbe, die eher weiß als bräunlich ist; hochgezogene Schultern; nicht sehr flinke Beine.

Zusätzlich hätte unter dem Bild stehen können, dass er der Verfasse von *La Galatea*, *Don Quijote de la Mancha* und *Viaje del Parnaso* ist. Letzteres hat Cervantes in Anlehnung an César Caporal Perusino geschrieben. Es wird außerdem erwähnt, dass es noch weitere Werke von ihm in der Welt gibt, und dass es möglich ist, dass diese Werke nicht mehr seinen Namen tragen, weil er verloren gegangen sein könnte. Daraufhin würde sein Name genannt und einige Informationen zu seinem Leben genannt werden: dass er viele Jahre Soldat gewesen ist; 5 ½ Jahre in Gefangenschaft gelebt hat, in der er gelernt hat, auch im Unglück noch Geduld und Fassung zu bewahren; bei der Seeschlacht bei Lepanto durch einen Musketenschuss seine linke Hand verstümmelt worden ist, was im Grunde hässlich aussieht, aber für Cervantes selber als schön gilt, weil es bei dem denkwürdigsten und großartigsten Ereignis der Jahrhunderte passiert ist.

Zusätzlich sagt Cervantes, dass er seinem Freund ansonsten auch einige Zeugnisse von sich zusammengestellt und ihm heimlich mitgeteilt hätte, damit dieser den Namen Cervantes berühmt und seinen Geist preisen könnte. Laut Cervantes lässt sich allgemein in Lobreden nicht nur die reine Wahrheit finden, da Lob und Tadel nicht eingegrenzt werden.

Da Cervantes aber die Chance verpasst hat, dass sein Vorwort wie oben beschrieben aussieht, muss er sich nun selber um seinen Prolog kümmern. Hier wird auch schon deutlich, dass er seine Worte mit Bedacht auswählt und auch noch auswählen wird im Bezug auf die damals herrschenden Zensuren: seine Wahrheiten sind in der Umschreibung zu verstehen.

Nun wird der Leser erneut direkt angesprochen. Die Liebesworte, die der Leser in seinen Novellen finden wird, sind zugleich ehrbar und einem christlichen Denken und Reden angemessen. Somit können sie keinen Menschen auf falsche und schlechte Gedanken bringen, unabhängig davon, wie aufmerksam der Leser ist. Auch hier umgeht er geschickt einer Zensur. Das christliche Denken und Reden sind ein Hinweis auf die Vernunft als weisende Kraft und leitender Gedanke.

Darauf folgend gibt Cervantes den Titel seines Buches an: *Ejemplares*. Das steht für Beispiel- und Musterhaftes, eine sogenannte Exempelliteratur. Der Leser muss genau hinsehen und wird dann keine Novelle finden, aus der nicht etwas Nützliches zu ziehen ist. Ebenfalls an dieser Stelle ist nur eine indirekte Provokation zu finden. Es ist sowohl eine traditionelle als auch eine offene Interpretation möglich. Aus jeder einzelnen Novelle für sich und aus allen zusammen lässt sich ein schmackhafter und ehrbarer Gewinn erzielen. Es ist demnach ein moralischer und ein künstlerisch ästhetischer Anspruch zu erkennen. Des Weiteren spricht er metaphorisch von einem Billardtisch, um seine Absichten beim Verfassen der Novellen zu verdeutlichen: der Text ist dabei der feste Rahmen und die Kugel steht für einen

Gedanken. Ein Gedanke stößt einen nächsten Gedanken an und diese verschiedenen Aspekte verknüpfen sich miteinander unendlich und unbestimmbar. All dies geschieht vom Leser aus, der Autor gibt den „Tisch" vor und ist gegebenenfalls der Leiter. Jeder kann sich damit die Zeit vertreiben ohne Hindernisse und ohne seien Körper oder Geist zu verletzen. Generell nutzt anständiger und angenehmer Zeitvertreib mehr, als dass er schadet.

Zudem denkt Cervantes, dass man nicht nur in der Kirche sein oder seinen Geschäften nachhängen kann. Es muss seiner Meinung nach auch Stunden der Erholung geben, in der sich der Geist erholen kann. Deshalb werden Alleen gepflanzt, Quellen erschlossen, abschüssiges Gelände geebnet und zierliche Gärten angelegt.

Dem hinzufügend sichert er sich im Folgenden ein weiteres Mal mit Sicht auf die Zensur ab: er würde sich lieber die Hand abhacken, als Gedanken in die Öffentlichkeit zu tragen, die den Leser zu unredlichen Überlegungen animieren könnten. In diesem Abschnitt gibt er zudem sein Alter an und sagt, dass man in diesem Alter nicht mehr über das Jenseits spottet.

Im nächsten Abschnitt wird gesagt, dass seine Neigung und sein Geist ihn auf seinem Weg begleitet haben und er von sich behaupten kann, der Erste zu sein, der Novellen in kastillischer Sprache verfasst, da alle vorherigen Novellen in spanischer Sprache bloß übersetzt wurden aus anderen Sprachen oder abgekupfert seien.

Diese Novellen aber sind nur von ihm, aus seiner Feder geboren und unter der Druckerpresse herangewachsen. Auch hier ist eine Metapher zu finden: er spricht von einer Geburt und dem Heranwachsen. Er fühlt sich seinen Novellen demnach sehr verbunden, sie sind sehr wichtig für ihn. Außerdem zeigt der Vergleich mit einer Geburt, dass sein Werk mit viel Arbeit, Kraft, Aufwand und Schmerzen entstanden ist.

Zusätzlich listet Cervantes in diesem Abschnitt auf, welche Werke er noch gedenkt, fertigzustellen bzw. herzustellen: *Trabajos de Persiles*, *Las Semanas del jardín* und ein Band mit einer Fortsetzung der Heldentaten von *Don Quijote* und der Anmut von *Sancho Panza*. Cervantes weiß, dass er damit zwar viel verspricht in anbetracht seiner schwindenden Kräfte, aber er stellt dem Leser die rhetorische Frage, wer seine Wünsche oder Träume zügeln kann.

Schließlich hat Cervantes noch folgende Bitte an den Leser: er soll beim Lesen bedenken, dass er die Novellen dem große Grafen von Lemos gewidmet hat.

Demnach muss in den Novellen ein Geheimnis verborgen liegen, das ihnen einen solchen Wert verleiht. Auch hier sind die Zensurgedanken bei Cervantes zu erkennen.

Zum Schluss wünscht er, dass Gott den Leser beschützt und ihm selber die Geduld verschafft, mit den Kritiken umzugehen, die ihn überfallen werden.

Zusammenfassend lässt sich sagen, dass das Ziel von seinen Novellen zum Einen die Entspannung und zum Anderen das Verstehen ist: delectare aut prodesse.